가난하지만

모든 인간은 하나님의 형상을 닮은 존엄한 존재입니다. 전 세계의 모든 사람들은 인종, 민족, 피부색, 문화, 언어에 관계없이 존귀합니다. 예영커뮤니케이션은 이러한 정신에 근거해 모든 인간이 존귀한 삶을 사는 데 필요한 지식과 문화를 예수 그리스도의 사랑으로 보급함으로써 우리가 속한 사회에 기여하고자 합니다.

가난하지만

초판 1쇄 찍은 날 · 1998년 10월 9일 | 초판 2쇄 펴낸 날 · 2007년 10월 22일

지은이 · 서성환 | 펴낸이 · 김승태

편집 · 이덕희, 방현주 | 디자인 · 이훈혜, 이은희, 정혜정
영업 · 변미영, 장완철 | 물류 · 조용환, 엄인휘

등록번호 · 제2-1349호(1992. 3. 31.) | 펴낸 곳 · 예영커뮤니케이션
주소 · (110-616) 서울 광화문우체국 사서함 1661호 | 홈페이지 www.jeyoung.com
출판사업부 · T. (02)766-8931 F. (02)766-8934 e-mail: jeyoungedit@chol.com
출판유통사업부 · T. (02)766-7912 F. (02)766-8934 e-mail: jeyoung@chol.com
제작 예영 B&P · T. (02)2249-2506~7

copyright©1998, 서성환

ISBN 978-89-8350-133-2 (03810)

값 5,000원

- 잘못 만들어진 책은 교환해 드립니다.
- 본 저작물은 저작권법에 의하여 한국 내에서 보호를 받는 저작물이므로 무단 전제와 무단 복제를 금합니다.

가난하지만

서성환 시집

예영커뮤니케이션

차 례

제1부 적은 것일지라도

새 9
기뻐 10
이치 11
눈떠보니 12
떼갈매기 13
밥 상 14
냇가에서 15
몰랐어요 16
비 18
적은 것일지라도 19
마지막 20
생생하여니 21
봄 빛 22
절규 24
꿈살이 25

제2부 허수아비와 함께

가난하지만 29
허수아비와 함께 31
召命의 바다 33
詩人의 기도 35
매미의 탄원 36
얼마나 37
광야로 39
딸에게 40
국제 전화 42
침묵의 언어 44
바보 예수 46
오물통 47
山 49
천정천 51
가지치기 52
황사현상 53
거울 54
옷 입으셔요 55
빈 터 56
나무 57

제3부 꽃이 피는 것은

포기한 자의 기도　61
다시　62
바람 자리　63
바람 이야기　65
바람 날개　67
꽃이 피는 것은　69
출항　73
사랑　76
너럭바위 회상　82

제4부 숲의 영성

솔잎들이　93
섬 비　94
자네에게　95
눈감으면　98
유채꽃　99
달빛 은총　100
여백　101
缺 어머니날　102
비오는 날　103
샘물　104
당신은 내게　105
찬미 기도　107
숲의 영성　108
편지　111
絶筆　113
승리　114

발문　117
후기　121

제1부
적은 것일지라도

새

진정
새는 꿈 속에서도 날아오르니
결코 날기를 멈추지 않으니
먹이 때문만이 아니리
잠자리 찾음도 아니리
애써 무엇이 되고자 해서도 아니리

새는 날아야 새이려니
본연의 자유를 구하려
함께 평화를 누리려
그를 향하여 날개를 펼 때만
정녕 새이려니
땅에서 죽는 새는 새가 아니리니

기뻐

햇살
흙
아기 웃음 소리
바람
별빛
사람, 사람, 사람
시간
역사

온통
그분의
표정
음성
몸짓

그리곤
기쁨의 順命

이치

내가
일을 하려 무리하지 않을 때
이미 온전히 이루어져 있는 이치.
내가
무엇이 되고자 고집하지 않을 때
이미 아름답게 되어 있는 이치.
내가
움켜쥐려 집착하지 않을 때
이미 충분히 누려지는 이치.
내가
시를 쓰려 고민하지 않을 때
이미 노래로 불려지는 이치

자기를 비워 다 내어주어
만유를 만유 되게 하시는
한 분 계시기에 비롯되는
이 신기한
생명의 이치

눈떠보니

오늘 새벽도
눈떠보니
그 곳은 아닐세
오늘도
남은 사명 감당하라는
지엄한 분부
또 한 번의 허락

흥그러움 속에
나날이 새 것인
하루
하루

떼갈매기

역풍을 거슬러
갈매기 날개로
날아오시는 님이여,
흉흉한 바다
고난의 파도를 가르고
흰물결 같은
갈매기 날개로
다가오시는 님이여

아무도 거부할 수 없게
누구도 부정할 수 없게
해일처럼
태풍처럼
떼갈매기 날개로
밀려오시는
감당할 수 없는
님이여
님이여

밥상
-성찬 대화

떡이 말하더군요
내가 그이니
나를 먹으라구요
잔이 말하더군요
내가 그이니
나를 마시라구요

나를 먹고 마실 때
내가 너와 함께 있어
나를 위하여
살게 하겠다고 하시데요.
두렵고 답답한 마음이 가시고
기쁨과 용기와 능력이
샘솟데요.

그래서
정말 깊이 깨닫게 되었어요
매끼니의 밥상이 무엇인지를

냇가에서

개울가
수많은
돌멩이
저마다
사연이
알알이
새겨져
오늘에
이르러
각자가
강렬한
메시지
발하고
있으니
뉘라서
하난들
소홀히
할 수
있으랴

몰랐어요

몰랐어요
내 안에서 쓰러지는 나를
버텨주던 그이가
그분인 것을

몰랐어요
상하고 짓밟히는 우리를
대신했던 그이가
그분인 것을

몰랐어요
섣부른 정죄에 익숙한 우리를
말없이 감싸 안으시던 그이가
그분인 것을

그분
안에
겹치고 어리는
나의 얼굴 우리의 얼굴

정말 몰랐어요
그분이 세상에 있을 때
얼마나 힘들고 괴로왔는지를

비

여름 장대비
가을 소슬비
겨울 시린비
봄 이슬비

비, 그 생명을 일깨우는 계시적 언어

눈물보다 진솔한 생명사랑
언약보다 절절한 생명호흡
당위보다 엄정한 생명외경

적은 것일지라도

바랄 수 있는 것이
나눌 수 있는 것이
기댈 수 있는 것이

도대체
인간이 할 수 있는 것이
실제로 그리 많지 않으니
적은 희망
적은 사랑
적은 믿음

비록
적은 것일지라도
귀히 여기시올지라

마지막

언제나 마지막은 갑자기 오는 것.

삶은 엄숙하고 순간은 소중한 것
새로운 세계가 없다면
인생은 허무하고
역사는 무의미한 것.

언제나 마지막은 갑자기 오는 것.

새로운 시작을
오늘 여기에 힘써 살도록
끊임없이 다그치는
귀하고 엄한 스승.

생생하여니

자연은 자연으로서
가장 아름다우니
자연은 자연 속에서
가장 생생하여니
자연에
인간이
무엇을 보탤 수 있으랴

봄빛

가파른 비탈, 완만한 구릉
줄지어 펼쳐지는 새순나는 포도밭
강변에 늘어선 물오른 포플러
파스텔 연두빛이 번져가는
의좋게 어우러진 바위산 관목림
그 사이 눈 녹은 초봄 홍수
어머니 눈물같이 넘실대는
강물 강물

순간 순간 더하는 생명의 빛
환희와 외경의 빛
봄빛
봄빛
봄빛
살아 있는 모든 것
존재 하는 모든 것
살아 있는 기쁨, 존재하는 감격

천지에 가득한 봄빛에
무심한 건
까닭도 없이 무한히 쫓기는
인간들뿐인 듯

절규

사람이 생각에
한을 품으면
詩는 시퍼런 칼이 되고

사람이 마음에
의(義)를 담으면
詩는 소멸하는 불이 되고

사람이 영혼에
그 사랑의 열병을 앓으면
詩는 생명이 된다

아
이 시대의
칼이여
불이여
생명이여

꿈살이

꿈을 살아갈 때만 살아 있는 거다
사랑으로 아름다울 때만 살아 있는 거다
나날이 새로울 때만 비로소 살아 있는 거다

시적시적 스쳐 쓰려오는
꿈살이 아픔
오히려 살아 있다 봉곳한 기쁨이다
가슴에 온통 불댕겨져 재만 남은
소복 같은 사랑살이
숫제 살아 있다는 황홀한 자랑이다
끊음과 이음 속에 희붐히 솟치는
새로살이 당당함
거짓없는 삶의 경외이다

이런 것들이 없는 시간들은
數에 칠 가치가 없는 거다

제 2부
허수아비와 함께

가난하지만

가난하지만
맞잡은 두 손에 힘을 더하여
사랑하게만 하소서

가난하지만
우리 눈을 여사 하나님나라
빛나는 꿈을 꾸게 하소서

가난하지만
빵을 만들라는 유혹 앞에 의연한
知足하는 행복을 알게 하소서

가난하지만
모든 것의 모든 것이셨으나
머리 둘 곳도 없으셨던
그와 함께 있는 기쁨을 가지게 하소서

가난하지만
아내와 자식들과
내게 맡겨진
호흡 있는 모든 것을 사랑하는
아름다움을 누리게 하소서

가난하지만
주로 말미암아 마음이 더욱 가난해져
心靈赤貧의 자유로움을 갖게 하소서
그때에
하늘나라
거기에 이루어지리이다

허수아비와 함께

아름다운 혼들의 녹색 합창
흥겹게 어우러지는 빛나는 벌판
생명의 신비를 모두운 힘찬 함성들이
열매로 맺히는 활기로 가득하다

고된 사역 속에서도 패배를 모르는
정직한 신념들이 영그는 초록빛 *海源*
모가지 팬 벼처럼
우리의 불굴의 소망이
떼비둘기같이 함께 솟구쳐 오른다

아직 다 이룬 것 아닌데
가야 할 길 멀어도
이룬 꿈 바라보는 기쁨
마음에 넘쳐
즐거운 마음으로 동화되어 간다

인생을 긍정하고 인내로써
황금물결 환상에 손짓하며 나아가는
웃고만 서 있는 예수 같은 사나이
허수아비와 함께

召命의 바다

언제부터 끊임없이 소리치고 있는가?
어느 누가 저토록 간절하게 부르고 있는가?
이제는
돛대를 준비하세
바닷가 언덕을 떠나
해풍을 따라 파도를 타고
소명의 근원을 향하여 노를 저어 가세나

언제나 깊은 감동으로 깨우치시는
일렁이는 생명 된 말씀이 있는 곳에서
언제나 꾸밈없는 용기를 더하시는
생동하는 소망이 펼쳐지는 곳에서
언제나 감격으로 움직이시는
갚을 수 없는 사랑이 있는 곳에서
겸손히 무릎을 꿇고
소명의 말씀을 듣도록 하세나

바닷가에서 부르심을 받은
그 사람들처럼
거부할 수 없는 부드러운 눈길로써
우리를 불러세워
저 낮고 어두운 역사 현장의 격랑 속으로
표류하는 삶의 한가운데로
사람 낚는 어부로 보내시는
그 한분이 계신
소명의 바다로
아무 것에도 매이지 말고
오직 기쁨으로
함께 나아가세나

詩人의 기도

모두가 웃고 잘 되어간다 할 때에라도
모두가 옳고 거룩하다 할 때에라도
모두가 사랑한다 할 때에라도
자신만은 속일 수 없는
헛헛한 것에 우롱당하지 않고
아니오를 당당히 외치는
외로운 한 길 가게 하소서

모두가 절망하고 서러워할 때에라도
모두가 그르고 추하다 할 때에라도
모두가 미움에 매여 있을 때에라도
상한 갈대의 굴하지 않는 용기로
시련의 칼날 위에 찬연히 춤추며
그래도를 힘차게 선언하는
마지막 한 사람 되게 하소서

참으로 가난한 정성으로
시인의 기도를 가지고 살게 하소서

매미의 탄원

나의 누명 벗겨 주어요
나는 결코 게으름쟁이가 아니어요
육 년 동안 땅 속에서 별러온 시간을 아끼어
오직 나의 존재 이유, 노래하는 일에
온 정성을 다했단 말이어요

나의 노래는 그대들을 위한 사랑
생명의 신비와 존귀를 일깨우는 메시지
나의 사명은 노래하는 것
일 순(旬)도 못 되는 일생 동안
삶의 냄새 뭉클한 아름다운 산하에서
감격으로 그 소명 감당하다 죽을 뿐

사명이 없는 자는 노래할 수 없어요
그러기에 개미는 개미일 뿐이어요
이제 나의 누명 벗겨 주어요

얼마나

얼마나 기다려야
모래가 바위가 될까?
얼마나 부딪쳐야
바위가 모래가 될까?

얼마나 만나야
너와 나는 우리가 될까?
얼마나 깨어져야
나는 네 안에
너는 내 안에 거하게 될까?

아하 얼마나 질문해야
바른 질문 하나 얻을까?
섣부른 질문은
더 먼 길로 돌아가게 하는데

차라리 입다물고
언제까지라도
서로를

그윽이 쳐다나 보는 것이
옳지 않을까?

광야로

모든 게 너무도 쉬워진 세상
일상용품도 사랑도 詩도 기도도
하나같이 일회용으로 범람하는데
왜 그렇게 끝간 데 없이
춥고 허기지는 것인가?

모두가 동의하는 쉬운 길을 거슬러
광야로 나아가세나
모세의 미디안 사십 년이 없이
출애굽은 어찌 되었을까?
바울의 아라비아 삼 년이 없이
복음의 물줄기는 어찌 흘러갔을까?

고된 광야로 나아가세나
진솔한 침묵을 배우고,
자유로운 절제를 익히고,
거짓 없이 더 많이 내어주려
스스로 돌이켜
빈들, 광야로 나아가세나

딸에게

딸아!
저려오던 슬픔도 헹궈버리고
치떨리는 모멸감도 삭혀버리고
황량하게 몰아치는 절망도 훌쩍 뛰어넘고서
평화와 기쁨으로
찬양하는 너를 보았지

십자가에 달려 죽은 내 아들이
네 안에서 살아 일어나며
두 팔 벌려 포옹하는 모습도 보았지
네 기적 같은 찬양이 거기에서
비롯됨도 알게 되었지
그것은 내게도 기쁨이었고 감격이었지

딸아 힘겨우냐?
이제 세상 끝날까지
내가 너와 함께하겠다
그려
잦아들지 않을 떠오르는 평강이

네 버거운 삶을 버텨주며 풀어가리니
그려
그려
그려

국제 전화

"어머니!"
힘껏 부른 한참 만에
들려오는 반가운 목소리
"어이, 아무 소리도 안 들려
그려 잘 있능가
새끼들도 잉."
"아무 말씀이나
하시고 싶은 말씀 좀 하셔요.
제가 들을게요"
목청 돋우어 외쳐대도
다시 묵묵부답.
또다시 한참 만에
"어허
이렇게 답답할 데가 있능가
대화가 안 되여
통 들을 수 업승께.
어허"

멀고 먼 이국땅에서

지금 나는 무얼하고 있는 건가

주님 들으셨지요
우리들의 하고 싶은 이야기들을
이미 이어주셨겠지요.

침묵의 언어

자욱한 아침 안개
한 치 앞도 안 보이는 답답함 속에
그래도 길이 있음에 누려지는 평안함

애쓰고 부르짖어도 대답 없는 묵묵부답
하나님의 긴 쉼표, 그 막막함
낡고 부질없는 잡다한 언어 속에
제한되신 하나님 갇혀 계신 하나님

하나님의 침묵
이 모든 것을 파기하는 그분의 은혜
오히려 침묵 속에 듣는 그분 음성
기다림 속에 깃든 심해 같은 평안함.

2
숲,
풀,

길가 돌멩이
바람
낙엽 밟는 소리
침묵 중에 말씀하시는 그분의 언어
영원 속의 시간
시간 속의 영원

쉼표와 마침표, 그 어떤 것이든
그분에게서 온 것이어든
넘치는 영감과 분복

바보 예수

아무도 울려고 하지 않을 때
모두를 위해 홀로 울고 계신 분,
아무도 웃지 못할 때
더불어 홀로 웃고 계신 분

영악한 세대 한가운데서
피곤한 현실 한가운데서
뒤틀린 역사 한가운데서
마른 눈물 자국 위에
다시 뜨겁디뜨거운 눈물
온 세상에 홀로 쏟고 계신,
잔잔한 미소 위에
또다시 해맑고 맑은 웃음
온누리에 홀로 터뜨리고 계신,

아무도 감당할 수 없는 일을
그렇게 자신을 내어주어
천지를 살리시는,
바보 예수

오물통

아하
소돔과 고모라가 내 안에 있구나
정욕에 사로잡힌 추물스런 속성
뻔뻔스레 돌아앉는 위선
감추고 덮어버린 패악한 족적
씻으려도 지우려도 오히려 또렷한
아흐 징그럽고 끔찍한 진실

화 있을진저 나여
오물통 같은 나여
아름다운 것조차 곤혹스럽고
죽을 자격도 없이
지속되는 처절한 절망하며
구원에 손내밀 수 없는 저 휑한 존재의 심연
쌓이는 고독, 병든 아집

끝까지 포기찮고 뻗어주시는 손길
따뜻하고 부드럽게 감싸주시는 눈길
찢어진 심장

온 마음으로 품어
함께 스러지는 그분
함께 일어서는 그분
그 안에 감추인 나

山

산은 형벌에서 시작되었을 게다
그의 죄악 때문에
지대 네 곳에 말뚝박히고
매맞아 부어오른 것일 게다

그래 교만할수록 높은 산
강퍅할수록 험한산
절망할수록 흉산
불신앙이 깊을수록 추한 산
…… 되어
온갖 산이 되어지니
크든 작든 어떠한 것이든
솟아오른 것은 산이듯
산은 형벌에서 시작되었을 게다

2

산은 은총으로 비로소 산 되는 게다
바람에 뺨맞아 곧은 목이 숙여지고,
눈, 서리에 무릎이 꿇려지고,
이슬과 비에 분노가 식고,
따뜻한 지열로 멍든 상처가 아물리어
새로이 태어나는 것일 게다

그래 받은 은혜 클수록 후덕산
깊게 깨달을수록 정기산
손 높이 들수록 거룩산
많이 포용할수록 풍요산 되어
온갖 것의 삶의 터전
산이 산으로
자리를 지키고 있는 게다

천정천

물은
낮은 곳으로 흘러야 하는데
쌓이는 토사, 높아가는 바닥
물은 흐를 곳이 없다

물은
모래 속으로 스며들고
강은
몇 마리 어린 붕어 시체를
땡볕에 뉘어놓고
죽어 사라진다

물은 낮은 곳으로 흘러야 하고
강은 청청해야 하는데
땅 밑 어둠 속
수맥으로 사라진 강에게
구원은 무엇인가?
구원은 어디서 오는 것인가?

가지치기

정말 소중한 삶
기운차게 자라나게
가지치기의 결단을 내리자

짙은 향내 배어나는 사랑
소담하게 영글게
가지치기의 아픔을 감내하자

서로의 아름다움
황홀하게 빛내주게
가지치기의 수고를 자원하자

다 같이 복된 세상 누리기 위해
가지치기의 숱한 고난에 동참하며
인생을 체득하자

차가운 봄날
가지치는 날은
기억할 만한 복된 날이다

황사현상

압살당한 땅을 되살리려
거짓없는 흙의 마음으로
호탕하게 껄껄대며
흙바람이 거칠게 항의하고 있다

땅이 하늘로 올라
하늘과 땅이 어울리고
땅을 살리려는 흙바람이
혼신의 수고를 다하고 있다

흙바람, 생명바람
땅을 살리려는 격렬한 시위
헌걸찬 흙바람 속에
이 땅의 봄이 피어난다

거울

당신은 나의 거울
나는 당신의 거울

당신이 일그러져 있는 것은
내가 일그러져 있기 때문
내가 청산처럼 빛날 때는
당신은 하늘 천사가 되는 것을

내가 뒤틀려 있는 것은
당신이 뒤틀려 있기 때문
당신이 명경지수 같을 때는
나는 하늘 분복을 누리는 깃을

주님은 우리 모두의
하나뿐인 온전한 거울

옷 입으셔요

당신이 가장 좋아하는 옷은
영혼의 숨겨진 모습,
속사람의 참 얼굴이겠지요

나의 소중한 당신들이여
영혼을, 속사람을
사랑으로 옷 입히셔요

뭇 영혼의 벌거벗음을 애타하시며
자신을 찢어 영원한 생명옷 입히시는,
속사람의 더럽고 낡은 옷 벗기시고
마침내 들어갈 그 나라
새하얀 예복 손수 지어 주시는
그분,
그 사랑을 옷 입으셔요

빈 터

거목 같은 확신
잘려나간 자리
싱그러움 한껏 뽐내던
화려한 환상들이
사그라든 자리
자랑스러웠던 온갖 기억까지
매몰당한 자리
아무 것도 남지 않은
빈 터

펄펄 이는 황량한 먼지바람
그 위로 덮이는 새떼의 그림자

어디선가 날아와
다시 자리잡는
풀씨
나무씨
온갖
푸른 꿈

나무

세상엔
상처 없는 나무는 하나도 없느니
벌레에 씹히고
풍우에 꺾이고
짐승에 휘둘리고
거목일수록 그러하느니

나무는 상처를 말없이 안고 사느니
자신도 모르게 찢기고
겉으로 불거지고
안으로 터지고
아물지도 않은 할퀸 자리에
또다시 진물이 흘러도,
오히려 담담한 간증으로
안고 사느니

바람 바뀌어
겨울까지 보내고
새 잎으로 가려지기 전

봄은
나무들을
한층 돋보이게 하느니
더욱 소중하게 하느니

제 3부
꽃이 피는 것은

포기한 자의 기도

불쌍히 여기소서
불쌍히 여기소서
불쌍히 여기소서
긍휼을 베푸소서
긍휼을 베푸소서
긍휼을 베푸소서

그저
불쌍히 여기소서

다시

충분히 예상하고
대비하기보다는
그저 순종할 수 있게 하소서

억지로라도 이해하고
용납하기보다는
그저 사랑할 수 있게 하소서

날마다
마음 열어 순종과 사랑으로
만나는 하나님
그 기쁨의 전율 속에
살게 하소서

바람 자리

바람 부는 날이면 당신은 거기에
들불처럼, 산불처럼
생명으로 날아오르고
어쩌다 높새바람도 불지 않는 날이면
고통으로 일그러진 얼굴로
시든 생명 끌어안는 당신
그 앞에 행복한 우리

홀로 있는 시간엔
바람이 부는 근원으로 나아가
바람을 만나 바람 되고,
피눈물나는 좌절과 무기력에
가라앉는 힘겨운 시간에도
바람으로 사는 비법을
터득하는 우리

바람으로 숨쉬어 살아
살아 있음에 환성을 터뜨리고
바람의 자리에 터삼고 살고 살아

삶과 역사에 메시지를 전파하고
바람과 함께 어우러져
축제를 만들고 만들어
서로를 보듬고 살아야 할 우리

바람 이야기

1

바람에겐 절망이 없어요

끊임없이 가로막는 큰산, 큰산,
한뼘 쉬어갈 곳도 없는 바다, 바다
괜스레 꺼리기만 하는 피곤한 평야, 평야
이유도 없이 눈살을 찌푸리며
문을 닫아버리는 환멸의 도시, 도시

환영하는 곳은 없어요
가끔은 자기들 좋을 대로
이렇게 저렇게 반기기도 하지만
오래 머무를 수 없다는 것을 잘 알지요

2

절망 때문에
바람이기를 포기하지는 않아요

온갖 것에 학대받고 파괴되는

이 땅을 살리고 살아가게 하는 숨결
그것이 사명임을 알기 때문이지요
사명 있는 자는 주저앉을 수 없어요
결코 쉬거나, 그만둘 수 없어요

힘겨울 땐 하늘에 올라 힘을 얻고
다시 일터로 돌아오곤 하지요
번연히 죽을 줄 알면서도
기쁘게 걸어들어가는 그런 우리들을
이 세상이 어떻게 감당하겠어요

3
바람 이야기에 말씀이 실려온다
큰산아 네가 무엇이냐?
소리 없어도 가득한 그분의 음성을 들으며
바람과 손 잡고 하산을 서두르게 된다

오르는 것, 내려가는 것 모두
우리 삶의 진실
승리로 나가는 과정이므로

바람 날개

/

하나님
바람날개의 자유로 하나님나라에
날아오르고 싶습니다

하나님
바람날개의 사랑으로 하나님나라에
안기고 싶습니다

하나님
바람날개의 정의로 하나님나라에
살고 싶습니다

하나님
바람날개의 거룩으로 하나님나라에
이르고 싶습니다

2

하나님
바람날개의 믿음으로 하나님나라를
만민에게 심고 싶습니다

하나님
바람날개의 소망으로 하나님나라를
열방 중에 꽃피우고 싶습니다

하나님
바람날개의 샬롬으로 하나님나라를
온누리에 펼치고 싶습니다

우리의
바람날개이신
주님을 따라서 말입니다

꽃이 피는 것은

1

꽃이 피는 것은 사랑 때문이리
벌 · 나비 그리는 사랑,
자기 존재 확인 사랑,
흙과 바람과 하늘 사랑,
생명 주신 이에게 바치는 사랑까지
꽃이 피는 것은 정녕 사랑 때문이리

2

빨강꽃은 사랑의 뜨거움이 남다를 뿐
노랑꽃은 사랑의 수줍음이 남다를 뿐
하얀꽃은 사랑의 순수함이 남다를 뿐
자주꽃은 사랑의 의연함이 남다를 뿐
분홍꽃은 사랑의 질투함이 남다를 뿐,

꽃이 피어 형형색색 내는 것은
그런 사랑 때문이리

3
향기가 소박한 꽃은
수수한 사랑이 배었음이니
향내가 독한 꽃은
집념 강한 사랑이 분출되었음이니
향기가 없는 꽃은
벙어리 사랑이 터져나왔음이니
향내가 그윽한 꽃은
은밀한 사랑을 자랑함이니

꽃이 피어 저마다 향기 흩뜨리는 것은
그 같은 사랑 때문이리

4
열매가 가득한 꽃은
후덕한 사랑을 보여주는 것이니
열매가 맛있는 꽃은
정갈스런 사랑을 안고 있는 것이니
열매가 예쁜 꽃은

청순한 사랑을 일깨워 주는 것이니
열매가 없는 꽃은
지극한 사랑에 몰입을 의미하는 것이니

꽃이 피어 오롯한 열매 맺는 것은
그 사랑 때문이리

5
생명을 일구는 훈풍 속에
외경을 불러일으키며 봄에 피는 꽃은
그 풋풋한 사랑에 찬미이려니

댓줄기처럼 퍼붓는 장맛비 속에
현장을 적나라히 사는 여름에 피는 꽃은
그 치열한 사랑에 헌신이려니

농악 가락에 어우러져
청순한 기품으로 가을에 피는 꽃은
그 단아한 사랑에 감사이려니

설한풍, 눈밭 위에
불굴의 의지로 겨울에 피는 꽃은
그 절실한 사랑을 향한 정절이려니

꽃이 피는 것은
아무래도 그 사랑,
그 사랑 때문이리

출항

/

바다가 있기에 출항이 있지
출항이 있기에 바다가 바다 되지

출항하지 않는 바다는 관념의 바다이지
살아 일렁이는 환호하는 바다는 아니지.
바라보며 애태우는 바다는 사변(思辨)의 바다이지
눈물보다 진한 서러운 한된 바다는 아니지.
그물 깁고, 수리하고 부산한 욕지거리 오가는
포구의 바다도 준비하는 바다이지
격렬하게 눈알 부라린 현장의 바다는 아니지.

오직 출항이 있기에
바다는 바다 되는 거지

2
바다를 바로 보아야 출항이 출항이지
갯바람 치부는 불만 많은 검은 바다
달래며 달래며 출항의 깃발을 올려야 하지.

바다를 바로 알아야 출항이 출항이지
낭만의 미끼로 유혹하고
잔인한 배신으로 뒤엎어도
그게 사랑해야 할 바다거니 해야
출항의 고동 울릴 수 있지.

바다를 바로 품어야 출항이 출항이지
돌아올 기약 없이 어디에도 소망 둘 수 없어도
그 속에 살다 죽어야 할
삶의 터전 바다이거니 해야
미련 없이 출항의 손 흔들 수 있는 거지.

3
그래,
시간 같은 바다
역사 같은 출항
심판의 손길 같은 바다
믿음 같은 출항
삶의 현실 닮은 바다
사랑 같은 출항

바다가 있기에 출항이 있지
출항이 있기에 바다가 바다 되지

사랑

1

사랑은 밑모를 심해와도 같습니다
사랑은 끝없는 창공과도 같습니다
사랑은 드넓은 대지와도 같습니다

사랑은 깊어질수록 흔들리지 않습니다
사랑은 높아질수록 나약하지 않습니다
사랑은 넓어질수록 부족하지 않습니다

2

온전한 사랑은
모든 것에로 열려 있고, 향하고 있어
생명의 근원이 되고
아름다움을 긷는 샘터가 되고
삶을 살찌게 하는 터전이 됩니다만…

갈구하는 사랑의 기쁨은
원치 않는 노여움을 더해 주고,
요구하는 사랑의 위안은

소태 같은 서운함을 안겨 주고,
열망하는 사랑의 쾌락은
쓴잔 같은 슬픔을 가득히 부어 주고,
앙모하는 사랑의 어여쁨은
나락 같은 미움을 낳게 하고,
추구하는 사랑의 깊어짐은
덧없는 욕망을 불붙게 할 뿐입니다

이 사랑이 커가면 커갈수록
그리움도 죽순처럼 자라가고,
그리움이 죽순처럼 자라갈수록
안타까움도 파도처럼 밀려오고,
파도처럼 안타까움이 밀려올수록
허우적거리는 인생은
만물을 그저 자기에게로만 향하게 합니다

3
진실로
그 사랑은 삶의 절박한 몸부림입니다

깊은 심해 바닥을 향하여
자맥질해 보지 못한
고기는 아직 고기가 아닙니다
높다란 창공 끝을 바라보며
한껏 날개쳐 보지 못한
새는 아직 새가 아닙니다
다함없는 대지를
온전히 감싸 보지 못한
바람은 아직 바람이 아닙니다
무한으로 펼쳐지는
사랑에 몸담아 보지 못한
사람은 아직 인간이 아닙니다

사랑은 사랑함으로써만
풍성하게 자라가게 할 수 있습니다
내게로만 향하게 하는 고역이 무거워질 때도
사랑은 그 안타까움을 승화시킬 것입니다
안타까움이 눈사태처럼 닥쳐올 때면
사랑은 그리움을 달래 줄 것입니다

그리움이 물보라처럼 여울질 때도
사랑은 그 여운 저 넘어에 있는
참된 사랑을 깨닫게 할 것입니다

사랑은 믿음과 소망의 밭에
숨겨진 보물이기 때문입니다
그러기에 사랑은 진리입니다

4
진리된 사랑은
모든 사람에게 버리운 바 되었기 때문에
전부를 사랑할 수 있었던
나사렛 그분의
믿음에서 나와 소망으로 열려진
사랑에서 옵니다

그분은
거짓 뒤에 숨겨진
고독한 영혼의 비참을 아셨고,

위선의 그늘로 가려 있는
우롱당한 혼의 노호를 들으셨고,
추함의 상혼 안에 거칠어진
이지러진 육의 고달픔을 아셨고,
속됨의 무덤 깊이 묻혀진
파산된 믿음의 불신앙에 우셨고,
속박의 감옥 속에 갇혀진
튀틀린 인간성에 고난당하시어…
핏빛 포도주를 쓴잔으로 마시고,
순결한 떡을 피땀으로 빚어
사랑의 새삶을 창출하셨습니다

그분은
어둡고, 더러운 휘장을
위에서부터 찢으시고
그 저편에 있는
사랑의 진실로 나아가시어
현혹되어 지친
모든 것을 사랑함으로 새롭게 하셨습니다

5

심해 바닥에 서 계신 분,
하늘로 통하는 길목을 점하고 계신 분,
대지를 온통 포옹하고 계신 분은
바로 나사렛 그분입니다

너럭바위의 회상

/

나는
저 밑 숲속 오솔길 옆에 있었던
너럭바위였어요.

청풍, 이웃들이
언제고 스스럼없이 찾아와
세상 온갖 이야기 주저리주저리 늘어놓다가
입심이 진해지면 슬그머니 자리를 뜨고,
마음이 넉넉한 이들
민낚시 강심에 드리우다
해기울면 초옥으로 돌아가는 길에
하룻생각을 빈 바구니에 소중히 챙겨넣고
만족한 미소로 일어서고,
사랑에 눈뜬 이들 달그림자 비켜가며
몇 마디 나누다가 아쉬움만 가득 안고
제길로 숨어들고,
……

그래 그곳은 전설도 많고
사연도 많은 곳이었어요
사람 사는 온갖 도리, 자연의 온갖 존재들이
우주의 모든 것과 함께 숨쉬며 교감하는
참 기막힌 세월들이었어요.

2

그러던 어느 날
그 끔찍한 일들이 벌어지게 됐어요
산마루터기에 성을 쌓는다대요
처음에는 나와 별상관이 있으랴 했어요
그때는 왜 성이 필요한지를 몰랐거든요

채찍을 든 험상궂은 사내가
낯익은 동네 아저씨들을 위협하며
내게로 왔어요
나를 아끼는 동네 아저씨들은
많은 말들로 나를 감싸 주었어요
— 아무래도 성 쌓기는 무른 돌이라

넓적하기만 하지 쓸모가 없다
나그네들 다리 쉬임터인데…
그러나
소용없었어요
부라리는 눈, 치켜든 채찍 앞에
나의 몸은 몇 조각으로 나뉘어
산등성이로 운반되었어요
가난하고 힘없는 사람들에게는
내 몸은 터무니없이 무거웠어요
채찍에 몰려가다가
내 몸에 한 아저씨의 다리가 뭉개져
그 핏자국을 지금도 간직하고 있어요

결국 나는
넓적한 상판때기 때문에
성루바닥 모서리에 놓여지게 됐는데,
북풍한설은 어찌나 매운지
땡볕 염천은 얼마나 힘겨운지
내 단단한 몸도

흐물 흐물 풀어져 버릴 것 같데요.

3
그런 게 문제가 아니었어요
가끔 터지는
피비린내 나는 싸움은
그야말로 목불인견이었어요.
가진 자들은 더 가지려고
지배하려는 자들은
더 지배해 보려고
힘없고 어수룩한 사람들
휘몰아다가
찔러 죽이고
때려 죽이고
터쳐 죽이고
끓여 죽이고
까 죽이고
찢어 죽이고 —
어떤 놈이 만들었는지

화약이 등장하고부터는
더욱 더 치열하고 처참했어요.

아무튼 애한 사람 몰아다가
숱하게 무리 죽음을 주는 것이
고작 싸움의 진상이었어요
내가 본 싸움 중에
정말 정의롭고 옳은 싸움은
한 번도 없었으니까
그럴듯한 명분과 깃발들은
언제나 뺏고 뺏기는 인간 치부를 가려 보려는
얄팍한 위선에 불과했으니
싸우려면 지놈들 뿡알이나 갖고 싸울 일이지
나 같은 돌들까지 이 고생을 시킨담
염병할 놈들 같으니라구

조금씩 조금씩 깨닫게 되었어요
성이 왜 필요한지를
성이 무엇인지를

― 오직 싸움을 위해서,
더러운 욕심과 지배와 폭력과 위선인 것을!

4

더욱이 가관인 것은요
요즈음 전쟁이 없는 때에는
뭐 이곳이 전적지라고
웬놈의 관광객들이 그리도 몰려다니는지

자기 조상 이름 외듯
아무개 장군, 아무개 장군이 어쩌구저쩌구
입에 침도 안 바르고 줄줄이 엮어대는
철없고 한심한 것들하며…,
그때 내가 그놈들 하는 수작들
다 지켜보았는데 말이야
예끼 이 숭악한 놈들,
보지도 않고 어떻게 본 듯이 말한다냐
그래 그래서 어쨌다는거냐
자꾸자꾸 부풀리고, 부추겨서

자라나는 애들한테까지
언제까지 싸움질이나 시킬 것이냐

인간들은 얼마나 더 죽어야
철들이 좀 들는지 끌끌
언제나 성 쌓고, 싸움질하고
뺏고, 뺏기고
원수 되고, 원수 갚고
또 성 고치고, 싸움 준비하는데
골머리 썩이고 재화를 탕진하는 일
정말 그만두고
함께 나누며 사는 평화의 삶,
사람다운 삶을 일구어낼 수 있을지 …

5
나는
저 밑 숲속 오솔길 옆에 있었던
너럭바위였어요

이제 내가 있었던 자리도
버스 주차장이 되었으니
다 찢기고 깨진 몸으로 돌아갈 곳도 없고
한 가지 소망이 있다면
인간들이 좀 철이 들어서
문화재 보존 어쩌구 하지 말고
이놈의 성들 다 헐어서
이 성에서 죽은 원혼들을 달래주고
다시는
싸움터에서 죽는 사람들 생기지 않게
단란한 가정 정원석으로나
나누어 주었으면 하는 것이니

아무리 생각해도
인간이 한 가지만 버린다면
성이 있어야 할
이유를 모르겠는데… 흠, 음

제 4부
숲의 영성

솔잎들이

하냥 푸를 것만 같던
솔잎들이 고엽으로 지고 있네

가을 산 소슬바람에
생명 키우는 봄비처럼
조용조용 후두둑 후두둑
내려 앉고 있네

시련의 세월로 걸러진
달관의 밝은 마음으로
거름 되려는 조용한 귀향에
손뼉쳐 환영하는 행사도 없었네

편안하게 누워 있는 갈색 마른 잎들

사명 다한 자의 행복한 웃음소리
천지에 퍼져 나가고 있네

섬비

찝찔한 해풍에 쓸려
속삭이듯 질책하듯
하루종일 근심도 없이 비가 내린다

소금기로 찌든 시든 생명 살리려
잃어버린 얼굴들을 말갛게 씻기려
애무하듯 강권하듯 비가 내린다

섬사람들의 상흔과 오욕을 지워나가듯
섬들이 바다의 품에 빠져들어가듯
담채화처럼 온종일 비가 내린다

하늘과 바다와 섬들 사이에 온통 물뿐인데

밤이 낮같이 낮이 밤같이
무언가 안타까이 일깨우려
섬비가 내리고 있다

자네에게

1
아침 물가에 나가서 자네를 기다렸지
새벽 어스름이 걷히지 않은 때에 나가서
해떠서 중천 될 때까지
물가에서 자네를 기다렸지

약속한 건 아니었네
그때쯤
거기 가면 만나리라 생각되어
그렇게 나가 그렇게 기다렸지

2
물의 대화는 대단했어
내 존재의 소리도 들리지 않을 정도였지
그러나 자네는 보이지 않더군
물의 함성 같은 노래에는
그저 주눅이 들릴 것만 같더군
그러나 자네 목소리는 아니더군

물의 깨끗한 얼굴은
자네 얼굴처럼 아름답더군
그러나 자네 얼굴은 아니데
빛의 변화, 계곡의 흐름에 따라
물의 변용(變容)은 참으로 현란하더군
그러나 자네의 그 모습은 아니었어

세상엔 비슷한 게 많이 있나보이
또한 비슷한 게 탈이기도 하나보이
허허 한식경이나 기다리다
문득 뒤늦게 알아본 자네는
바로 내 옆에 앉아 있지 않았겠나

사람은 너무 멀리서
무얼 찾는 습성이 있나보이
그때 그분 만난 이후
늘 내 곁에 있는 자네를
가끔 몰라보고 이렇게 기다리지 않았나
쯧쯧

3

자네 숨결 느껴보니
물의 대화, 노래가
물의 얼굴, 변용이 달라 보이는군
자네가 옆에 있었기에
그게 그렇게 보였던 게더군

자네 이름은
그분 안에 있는 자유
바로 그것이 아닌가?

눈감으면

기도하려 눈감으면 주님얼굴 보입소서
그앞에서 내얼마나 죄인인지 깨달으며
내게부은 그은총을 더욱깊이 살피고서
맡긴사명 감당코자 헌신하게 하옵소서

기도하려 눈감으면 이웃얼굴 보입소서
그들에게 받은사랑 새록새록 돋아나서
환란당한 이웃들을 내몸같이 돌보면서
주님사랑 사람사랑 하나임을 알리소서

기도하려 눈감으면 세계만방 보입소서
함께나눌 주의은총 너무나도 크고커서
얼싸안고 하나되어 모두에게 나아가서
주님나라 임한것을 온몸으로 선포하세

눈을떠도 눈감아도 주님임재 분명하여
실낱같은 희망들이 동아줄로 튼튼하며
꺼져가는 믿음들이 햇불로서 타오르며
식어가던 사랑들이 용광로로 피옵소서

유채꽃

유채꽃 환한 싱싱한 녹색 벌판
그분께 드리고픈 환희의 한아름
익숙한 외로움 평범한 못남
하나하나 모여모여
수줍게 피워올린 짙노란 기쁨과 감격

아무도 돌아보지 않아도
꽃으로 피는 보람
기름으로 드려지는 자랑
존재함만으로도 좋은 감사
하늘로 닿은 저들만의 기도 응답

비 내리는 촉촉한 들녘
달빛 싱그러운 벌판
태양 빛나는 건강한 평원
사이사이 수놓는 샛노란 유채꽃 함성
정성 가득한 찬양의 꽃다발

달빛 은총

품을 수 없는 슬픔처럼
감당할 수 없는 은총처럼
온 산
온 들
온 하늘에 가득한
은백색 눈부신 달빛
사랑으로 밝고 맑은 그분의 마음

허락된 생명에 거저 잠들 수 없어
밤새도록 마음 모아
속삭이는 큰 소리로
다함없이 올리는 나무들의 신령한 찬양
아무래도 표현할 수 없는 비밀된 감격에
밤새워 배회하는 겸허한 심성
피어나는 깊고 충만한 영성

쏟아지는 달빛 은총
부어지는 달빛 사랑
홀로 걷는 침잠

여백

빽빽한 침엽수림
들꽃 가득 핀 넉넉한 빈들
시원스레 오가는 청풍
가는 십자가
그 넓은 여백

꼭 있어야 함직한 것까지도 드리고 비워
주님 계실 상긋한 여백 넓히고 넓혀
거침없는 자유
넘치는 평화
피어나는 사랑

거기에 하나님나라,
사랑 찬미

缺 어머니 날

어머님 안 계신 첫번째 어머니날
아이들한테서 받은 빨간 카네이션
민망하고 죄송한 마음
착잡하고 아릿한 심정

부질없음을 알면서도 불러보는
어머님
어머님
까닭 모를 헛헛함
차오르는 슬픔과 회한

다시 자꾸 불러보는
어머님
어머님
마음의 하얀 카네이션
넘쳐나는 뜨거운 눈물
아련히 떠오르는 존재의 충일

비 오는 날

바람 없이
비 오는 날
만물이
고요하다

바람 없이
비 오는 날
만물이 순수하다

바람 없이
비 오는 날
만물이 생기를 얻는다

바람 없이
비 오는 날
만물이
만물이
그저 환성으로
고요하다

샘물

호젓한 산자락
온갖 시련 뚫고 터져나와
하늘마음, 바람자유 담아
예쁜 물무늬 만드는
생명 役事

때론
목마른 산짐승들 목축이고
심술궂은 사람들 침뱉어도
즐거움도 괴로움도
구름처럼 다 지나가는 것

오직
솟아남만으로도
넉넉한 존재의 기쁨
풍성한 현존의 생명
거기 산자락
이름 없는 샘물

당신은 내게

당신은 내게 산 같은 분입니다
언제나 존재의 뿌리 되어
하찮은 것 하나 없어 온갖 것 아우르며
모든 것을 제 모습으로 세우는
오직 거기 계심으로써
말을 걸어 오시는 거부할 수 없는 분입니다

당신은 내게 강 같은 분입니다
언제나 시간의 의미 되어
송사리 휘치는 청량한 시내로
시종을 알 수 없는 신비한 종유천으로
오직 그렇게 흐름으로써
새롭게 하시는 감당할 수 없는 분입니다

당신은 내게 바다 같은 분입니다
언제나 공간의 사랑 되어
하늘에 닿아 하늘되고 바다에 닿아 바다 되고
하나에 하나 되어
오직 오롯이 일렁임으로써

은혜를 은혜 되게 하는 넉넉한 분입니다

당신은 내게 바람 같은 분입니다
언제나 영원의 숨결 되어
때론 실바람으로 꽃봉오리 터뜨리고
산, 강, 바다 천지 시종에 자유로와
오직 쉼없는 생명 호흡으로써
영생을 열어가는 거칠 것이 없는 분입니다

찬미 기도

은혜와 사랑의 주님께서 새날을 허락해 주셨으니
사랑과 감사와 소망으로 첫시간 주님께 드립니다
성령을 넘치게 부으셔서 영육을 강건히 붙드시고
주님뜻 온전히 이루시고 복된날 하루를 만드소서

은혜와 사랑의 주님께서 여기에 임재해 계시오니
믿음과 겸손과 순종으로 이일을 주님께 맡깁니다
주능력 주말씀 채우셔서 무능과 연약함 고치시고
주님의 승리를 일구시며 깃발을 드높이 빛내소서

은혜와 사랑의 주님께서 온종일 동행해 주셨으니
기쁨과 회개와 감격으로 영광을 주님께 바칩니다
주손길 보혈로 감싸셔서 부족한 내모습 받으시고
주 품의 안식을 베푸시며 거룩한 백성을 남기소서

찬미예수 예수샬롬 마라나타 아멘아멘
할렐루야 할렐루야 할렐루야 할렐루야

숲의 영성

1

차고 깨끗한 밤기운
맑고 선명한 은하수 별밭
하늘은 더욱 신령스럽고
숲과 대지는 새삼 고요하고

2

숨소리 멎는 진한 어둠,
죽음 같은 고통 홀로 삭이는 무한의 산고
어둠에 갇힌 죄얼, 엄숙한 시립(侍立)
범접 못할 숲의 거룩

한 줄기 별빛 바람,
살랑거리는 잎새, 일렁이는 산굽이
생명의 춤사위, 기쁨의 탄성
한껏 절제된 숲의 자유

모두에게 내려앉은 어둠 앞에
그깟 아름다움도 자랑도 소용이 없어

자신을 찢는 의로움, 감싸안는 상흔
눈물겹게 따뜻한 숲의 정의

일체의 산 것에 죽은 것에
기꺼이 가슴 속살까지 다 내어주는
가난한 심령, 정갈한 큰 마음
빛나는 숲의 사랑

그 황홀한 어우러짐 속에
하늘 땅 사람
하나이언 신비
어둡기에 더 또렷한
하나이언
하늘,
땅,
사람의 길
그 깊고 풍성한 살아 있는 영성
숲의 평화

3
차고 깨끗한 밤기운
맑고 선명한 은하수 별밭
오늘
하늘은 더욱 신령스럽고
숲과 대지는 새삼 고요하고
숲의 평화는
더욱 확연하고
온전하고 —

편지

캄캄한 밤엔 강단에 촛불 켜고
기도편지를 써야지
음산한 한낮엔 저잣거리로 나가
사발통문, 대화편지 써야지

분탕질당해 거덜난 사람에게
우선 싸매주는 위로편지 써야지
이판사판 꼴 되어 스러지는 사람에게
마침내 딛고 일어설 희망편지 써야지
의에 주리고 목마른 사람에게
승리의 열쇠는 네가 쥐고 있다는
투사, 자유편지 써야지
곯리고 핍절하여 썩어가는 사람에게
꿈의 편지 써야지

절망하는 시대에
좌절하는 이 땅에
죽어가는 나의 사랑에게
편지 한 통이라도 써야지

비옵나니 비옵나니
진솔한
사랑편지
생명편지
한 통 되게 하소서

絶筆

오늘 여기에
살아 소망되는
詩가 아니라면
음—,
붓을 꺾어야 하지

끝까지
침묵하는 법을
배워야 하지

승리

승리가 무엇인지 아느냐?
더 좋고 편한 가능성의 유혹
결연히 잘라 버리고
주만을 따르는 것이
바로 승리이니라

승리가 무엇인지 아느냐?
치열한 자기와의 싸움
허옇게 잠재우고
주만이 내 안에 사시게 하는 것이
바로 승리이니라

승리가 무엇인지 아느냐?
하고 싶은 많고 많은 말
힘겹게 억누르고
주께서만 말씀하게 하는 것이
바로 승리이니라

결과가 어떠해도
주님이 빛나시고
주님 평안
내 안에 있으면
그것이 바로 승리이니라

> 발문

가난한 심령의 넉넉한 고백

내 발걸음을 서성환 목사님에게로 인도해주신 하나님께 감사한다. 분야가 다른 까닭에 시인이나 시에 관해 뭐라 언급하는 것이 주제넘는 일인 줄 알면서도 하나님의 섭리의 일환으로 알아 그 섭리에 순종키로 마음을 정하고 나니 이 또한 지극히 감사한 일이 아닐 수 없다.

시와 음악이 쌍생아처럼 붙어 지내던 옛날 옛적, 모름지기 시적 영감을 음악의 여신 뮤즈로부터 얻어지는 것이라고 믿기 시작한 이래, 거개의 시인들이 자신을 여성의 처지에 두고 여성의 정서로써 시를 써왔다. 특히 절대적 존재 앞에서 시인들은 흔히 여성 화자의 시점을 택함으로써 스스로 자기를 낮추곤 했다. 신 앞에서, 임금 앞에서, 조국과 민족 앞에서 스스로 여성의 자세를 취하는 남성 시인을 얼마든지 볼 수 있다. 소박하고 아름다운 술람미 여인의 시각을 빌려 신과 인간, 그리스도와 교회 사이의 사랑을 다룬 아가를 지은 솔로몬이 그 대표적인 경우라 하겠다.

서성환 시인도 예외는 아니다. '그' 또는 '그분' '한 분' 등으로 표현되는 초월적 존재 앞에서 시인은 어김없이 약자일 수밖에 없는 여성의 자세를 취하고 있다. 여성 중에서도 일편단심 '그분' 만을 사모하고 오직 '한 분' 에게 정절을 바치는 가장 현숙한 여인의 몸가짐이다. 창조주 하나님을 향한 시인의 지극한 사모의 정은 새의 이미지에 투사되어 '꿈에서도 날기를 멈추지 않는 새' 의 형상으로 나타나며 '그를 향하여 날개를 펼 때만 정녕 새' 라는 절창의 고백을 낳는다. 시인은 햇살과 흙, 바람과 별빛 같은 자연뿐만 아니라 하다못해 개울가의 돌멩이, 심지어는 인간에게 고통을 주는 황사현상에서도 하나님의 사랑을 읽어내며 귀한 생명의 이치를 깨닫는다. 가난한 일상 속에서도 매 끼니의 밥상에 감사하고 '적은 (혹은 작은) 것' 의 소중함에 숙연해 한다. 종말의 때인 '그날' 을 기다리며 주님을 만날 '그곳' 에 대한 큰 소망에 숙연해 한다. 종말의 때인 '그날' 을 기다리며 주님을 만날 '그곳' 에 대한 큰 소망 가운데서 마지막 순간까지 한 마리의 잃은 양을 찾아 헤매겠다는 목회자로서의 굳센 소명의식을 재삼 다짐하기도 한다.

　이를테면 서성환 목사의 시는 그냥 단순한 문학 작품이 아니라 하나님과 한 신실한 종 사이에게 직통으로 개설된 핫라인인 셈이다. 그 경로를 통해 기도가 올라가고 응답이 내려온다. 충성이 맹세되고 죄와 허물에 대한 참회와 고백이 이루어진다. 내리사랑과 치사랑이 만나고

신뢰와 감사가 교환된다.

단 한 분의 독자이신 절대적 존재를 염두에 두고 시도한 교신인지라 그분 앞에서의 가식은 절대 금물이다. 그래서 분 바르고 눈썹 그려 본바탕을 얼버무리는 식의 문학적 장치는 가급적 멀리하고 있다. 젊은 시절부터 일기를 쓰듯 시를 쓰기 시작했다는 오랜 창작 연조에도 불구하고 그의 작품에서는 표현의 기교를 거의 찾아볼 수가 없다.

서 목사의 시작들을 읽노라면 가장 두드러지게 다가오는 것은 진집성이다. 기교가 배제된 상태에서 쭉정이 말들을 과감히 쳐내고 알곡의 말들만 골라 언어를 직조했을 때 나타난 결과는 화려한 비단이 아니라 튼튼하고도 질박한 무명이다. 그의 시에서 무엇보다 언어의 절제미와 함축미가 돋보이는 까닭은 바로 이 때문이다. 시인 목사, 아니 목사 시인에게서 그 이상 무엇을 더 바라랴.

서 목사의 시작들에서 체취처럼 맡아지는 경건주의 내지 엄숙주의는 실제로 그와 대면했을 때 받았던 첫인상과 정확히 맞물려 있다. 나는 조금의 빈틈도 용납하지 않을 것만 같은 그의 꽉 짜인 이목구비를 가까이 접하면서, 대관절 이 양반이 목회자 말고 세상에서 할 수 있는 일이 뭐가 있을까 하고 자문했다. 없다, 아무 것도 없다는 자답이 나왔다. 천생 경건주의 내지는 엄숙주의로 똘똘 뭉친 목사님이었다. 아니다. 딱 한가지가 더 있다. 만일 목사가 되지 않았더라면 천생 그는 전문적인 시인이

되었으리라.

   거듭 고백하거니와, 나는 여호와 하나님의 중매로 서성환 목사님을 알게 된 것에 진심으로 감사한다. 서 목사님의 시작 활동이 이 처녀시집 한 권으로 끝나지 않고 핫라인을 통한 하나님과의 교통이 앞으로 두 권, 세 권 연이어지면서 세상의 수많은 양들의 주린 영혼을 먹이는 영양가 풍부한 꼴의 구실을 다할 수 있게 되기를 충심으로 바라 마지않는다.

윤흥길(소설가, 한서대 교수)

> 후기

당신을 목말라하며

외람되지만
예수님은 아마 시인이셨을 거다.
그분의 마음; 눈빛, 표정, 몸짓, 말씀과 행위,
삶과 죽음, 부활
그분을 사로잡았던 꿈과 열정…
그 자체가 시이고,
시로써만 가장 온전히 드러낼 수 있기에…

오늘,
그분을 따라 살겠다고 나선 사람들
역시 시적인 삶을 살아야 하리라.
시인 예수님을 따라
진리된 그 나라 체험에서 거짓을 넘어서고,
체현된 생명의 풍성함을 누리고 싶었다.
그러나 언어의 옷을 입고 드러난 나의 시는
여전히 진실과 거리가 멀고

찌든 한계에 갇혀 부끄러울 뿐이다.
목회자로서 나의 삶이, 죄스럽다.
오늘 따라 더욱 시인 예수님에 목마르다.

그럼에도 불구하고
나의 시들은 그분의 은혜와
많은 이들의 사랑에서 태어났다.
사랑하는 아내와 아이들은 묵시적 언어였고,
현실 속에서 읽는 말씀은 빛이었고,
목회와 삶의 현장에서 만난 사람들은
미욱한 나를 일깨워 준 스승들이었고,
돌아가신 어머님은 나의 눈물이었다.
그저 감사한 마음뿐이다.
특히 귀한 발문을 써주신 윤흥길 선생님과
어려운 때 시집으로 만들어주신
김승태 사장님께 감사드린다.
그리고 내게 주셨던 그 본래의 은총을
이 시를 읽는 분들에게도
베풀어 주시기를 간절히 기도드린다.

Soli Deo Gloria !